BEI GRIN MACHT SICH IHR WISSEN BEZAHLT

AF149513

- Wir veröffentlichen Ihre Hausarbeit,
  Bachelor- und Masterarbeit

- Ihr eigenes eBook und Buch -
  weltweit in allen wichtigen Shops

- Verdienen Sie an jedem Verkauf

Jetzt bei www.GRIN.com hochladen
und kostenlos publizieren

Bibliografische Information der Deutschen Nationalbibliothek:

Die Deutsche Bibliothek verzeichnet diese Publikation in der Deutschen National-
bibliografie; detaillierte bibliografische Daten sind im Internet über http://dnb.d-
nb.de/ abrufbar.

Impressum:

Copyright © 2014 GRIN Verlag, Open Publishing GmbH
Druck und Bindung: Books on Demand GmbH, Norderstedt Germany
ISBN: 978-3-668-04764-8

Dieses Buch bei GRIN:

http://www.grin.com/de/e-book/304074/depression-und-gesellschaft-eine-soziale-
krankheit

Yasemin Gökmen

Depression und Gesellschaft. Eine soziale Krankheit?

GRIN Verlag

GRIN - Your knowledge has value

Der GRIN Verlag publiziert seit 1998 wissenschaftliche Arbeiten von Studenten, Hochschullehrern und anderen Akademikern als eBook und gedrucktes Buch. Die Verlagswebsite www.grin.com ist die ideale Plattform zur Veröffentlichung von Hausarbeiten, Abschlussarbeiten, wissenschaftlichen Aufsätzen, Dissertationen und Fachbüchern.

Besuchen Sie uns im Internet:

http://www.grin.com/

http://www.facebook.com/grincom

http://www.twitter.com/grin_com

Seminararbeit zum Thema:

Depression und Gesellschaft

„Die Depression - eine soziale Erkrankung?"

INHALTSVERZEICHNIS

1. Einleitung

Die Krankheit „Depression" ist keine Krankheit des 20. Jahrhunderts. In über dreitausend Jahre alten historischen Darstellungen gibt es Beschreibungen von Krankheitssymptomen, die zur damaligen Zeit zwar nicht als Depression bezeichnet wurden, jedoch der gegenwärtigen Definition von Depression entsprechen. Deshalb könnte man meinen, dass Gefühle der Niedergeschlagenheit und Bedrücktheit, welche sich in Form von Depressionen äußern, zu den grundlegenden seelischen Eigenschaften des Menschen gehören, wie beispielsweise Schmerz und Trauer.[1] Heutzutage haben die meisten Menschen keine genaue Vorstellung vom Wesen der Depressionskrankheit. Noch immer wissen viele von Depressionen betroffene Personen nicht, dass sie unter dieser Krankheit leiden. Oft werden Krankheitssymptome wie Müdigkeit und Motivationslosigkeit fälschlicherweise als ein rein körperliches Befinden interpretiert.[2]Die World Health Organization (WHO) rechnet aufgrund steigender Zahlen damit, dass die Krankheit Depression im Jahr 2020 zur zweithäufigsten Krankheit weltweit zählen wird. Auf der ganzen Welt gibt es ca. 300 Millionen Menschen, die an Depressionen leiden.[3] Depressionen sind in allen Bereichen der Gesellschaft verbreitet und haben sich zu einer Art „Volkskrankheit" entwickelt. Damit gelten Depressionen inzwischen als die am weitesten verbreiteten psychischen Störungen überhaupt. Für die Betroffenen bedeutet Depression das Empfinden von Leid, da dieser Zustand aufgrund seiner schwerwiegenden Symptomatik zu einer Beeinträchtigung ihrer Lebensqualität führt. Das Ausmaß ihres Leids zeigt sich zum Beispiel darin, dass Depressionen oft mit einer sehr hohen Selbstmordgefahr einhergehen. Nicht nur die Betroffenen selbst leiden psychisch und körperlich an Depressionen, sondern auch ihr soziales Umfeld, wie beispielsweise Freunde, der eigene Lebenspartner oder Familienmitglieder. So kann es dazu kommen, dass das andauernde Stimmungstief der erkrankten Person andere Personen innerhalb ihres sozialen Umfelds so sehr belasten, dass diese auch depressiv werden. Betrachtet man dies auf einer weiteren Ebene, so leidet neben dem sozialen Umfeld der betroffenen Person auch die gesamte Gesellschaft unter der Krankheit Depression. Dies äußert sich beispielsweise in enormen Kosten für das Gesundheitswesen oder im Rückgang der Wirtschaft durch den Verlust an Arbeitsproduktivität. Wenn eine Person von einer Depression betroffen ist, wird dies in den meisten Fällen aus Angst vor Stigmatisierung nicht in die Öffentlichkeit getragen. Jeder Einzelne kann von einer Depression betroffen werden. Es gibt keine Altersgrenze und auch keine Unterschiede zwischen den gesellschaftlichen Schichten oder dem Geschlecht. Wie kommt es jedoch dazu, dass sich die Depression so schnell verbreitet? Die Gesellschaft ist geprägt von Kultur und der in ihr lebenden Individuen. Nach dem französischen Soziologen Alain Ehrenberg handelt es sich bei der Depression um eine Erkrankung des Individuums aus einer Erschöpfung heraus, an seiner Identität

---

1   Vgl. Nuber 1991, S. 12f.
2   Vgl. Reng 2010, S. 425.
3   Vgl. Leuzinger-Bohleber 2005, S. 15.

1

zu arbeiten. Das vorherrschende Gefühl der Minderwertigkeit erschwert der erkrankten Person die Anstrengung, er selbst werden zu müssen.4 Jedes Individuum formt im Laufe seines Lebens seine Persönlichkeit. Bei diesem Prozess spielen die Gesellschaft, die Kultur, die sozialen und ökonomischen Bedingungen, das Familienleben und vieles mehr eine wichtige Rolle. Wenn einer dieser Bereiche in einer kritischen Lebensphase nicht genug Struktur bietet, besteht das Risiko für das Entstehen einer psychischen Störung. Die vorliegende Seminararbeit handelt von der soziologischen Verortung der Depression. Es soll der Frage nachgegangen werden, inwieweit die Krankheit Depression und Gesellschaft zusammenhängen. Zunächst soll eine Einführung in die Begrifflichkeit und Symptomatik der Depression dazu dienen, den Begriff der Depression weitestgehend zu erfassen. Anschließend werden die verschiedenen Erklärungsansätze der Depression aufgezeigt und voneinander abgegrenzt. Danach rückt der Schwerpunkt der Arbeit, die soziologische Verortung der Depression, in den Fokus. Hierbei wird das Verhältnis von Depression und Gesellschaft thematisiert, während zum einen die Vergesellschaftung der Depression und zum anderen das Zusammenspiel von Individuum und Gesellschaft sowie die Identitätsfindung im gesellschaftlichen Kollektiv beleuchtet wird. Hierbei wird auch der Einfluss von Institutionen auf die Biographien bzw. Lebensführungen der Individuen aufgezeigt. Im Anschluss daran wird der Frage nachgegangen, ob die Depression als eine soziale Erkrankung durch unsere Gesellschaft forciert wird. Hierbei wird insbesondere der Erklärungsansatz von Alain Ehrenberg für die Depressionsverbreitung in der individualisierten Gesellschaft herangezogen. Abschließend werden die wichtigsten Inhalte in einem Fazit zusammengetragen.

---

4   Vgl. Ehrenberg 2008, S. 15.

2. Die Krankheit Depression

2.1 Begriffseinführung und Symptomatik

Der Begriff „Depression" leitet sich etymologisch vom lateinischen Wort „deprimere" (niederdrücken) ab. Der Depressionsbegriff wird sowohl in der Alltagssprache als auch im klinischen, psychologischen, medizinischen und soziologischen Kontext verwendet, wobei die Erscheinungsformen der Depression sehr unterschiedlich sind. In unserem alltäglichen Sprachgebrauch reicht die Verwendung des Depressionsbegriffs für die Beschreibung von Stimmungstiefs bis hin zu schweren, lebensbedrohlichen Störungen des Menschen. Bereits im 17. Jahrhundert wurde der Begriff der Depression im Zusammenhang mit manisch-depressiven Erkrankungen genannt, bei denen vehemente Stimmungstiefs bei den betroffenen Personen diagnostiziert wurden. Erst im letzten Drittel des 20. Jahrhunderts wurde die Depression als ein Krankheitsbild verstanden, welches die Symptome Niedergeschlagenheit, Bedrücktheit und Interessenverlust aufweist. Demzufolge bezeichnet Depression eine Krankheit, bei der die betroffenen Personen ein Gefühl von tiefer Traurigkeit, Erschöpfung und Lustlosigkeit verspüren.5 Im alltäglichen Sprachgebrauch beschreibt der Begriff der Depression oft einen vorübergehenden Zustand, der einige Stunden oder Tage andauern kann und meist eine normale Reaktion auf ein belastendes Ereignis darstellt. Zu solchen Ereignissen gehören beispielsweise Liebeskummer oder der Verlust des Arbeitsplatzes. Ein belastendes Ereignis kann jedoch durch die Dauer und Intensität der Auswirkungen zu einer Depression ausarten. Weiterhin werden aber auch alltägliche Vorkommnisse als depressiv oder deprimierend beschrieben. So spricht man bei schlechtem Wetter oft davon, dass das Wetter depressive Stimmungen zum Vorschein bringt. Depressionen im klinischen Sinne beschreiben Störungen, die über den Bereich der Stimmung hinausgehen und klar von natürlichen Reaktionsweisen auf belastende Ereignisse abzugrenzen sind. Neben Unsicherheit, Selbstzweifel, Angst und weiteren negativen Gefühlen beinhaltet die Depressionskrankheit erhebliche psychische und physische Symptome, wobei vor allem die Dauer, Intensität und Anzahl der Symptome für die Diagnostizierung der Depression entscheidend sind. Die WHO definiert Depression als eine Empfindung, keine Energie, Lebensfreude und Motivation verspüren zu können. Außerdem wird laut der WHO Antriebslosigkeit zur Bewältigung des alltäglichen Lebens ebenfalls als ein ausschlaggebendes Symptom der Depressionskrankheit aufgefasst. Weitere Leitsymptome der Depression definiert die WHO wie folgt: Um von einer Depression sprechen zu können, muss die betroffene Person eine niedergeschlagene und bedrückte Stimmung seit mindestens zwei Wochen aufweisen. Zudem muss ein Verlust von Freude und Interesse an der Außenwelt vorherrschen. Laut der WHO kommt ein weiteres wichtiges Leitsymptom der

---

5   Vgl. Hell 2008, S. 12 ff.

Depression als eine schnellere Ermüdbarkeit und Erschöpftheit der betroffenen Person zum Vorschein. Auch Konzentrationslosigkeit, eine negative Sichtweise auf die Zukunft, Selbstvorwürfe, Schlafstörungen, Appetitlosigkeit, Stoffwechselprobleme und Suizidgedanken sind Anzeichen für eine Depression. Das jeweilige Leid der betroffenen Person ist abhängig von der Intensität der Depression, seiner Lebenssituation und persönlichen Einstellung zum Leben.6 Die WHO legt somit die genauen Kriterien für das Vorhandensein einer Depression fest. Einer Depression können mehrere Ursachen zugrunde liegen, die sowohl soziale als auch psychische Komponenten beinhalten. Als Grundbefindlichkeiten lassen sich Niedergeschlagenheit und Bedrücktheit definieren, die die Lebensdynamik und die positiven Gemütslagen einschränken. Bei den meisten depressiven Menschen ist das Gefühl der Angst im Vordergrund. Die Betroffenen haben Angst davor, zu versagen, die Familie zu belasten, Aufgaben nicht bewältigen zu können, nicht akzeptiert und sich selbst nicht gerecht zu werden. Auch das Denken der Betroffenen ändert sich, sodass oft eine Konzentrationsschwäche und Leere im Kopf vorherrscht. Jegliche Aktivität wird als Kraftaufwand gesehen, zu dem man sich erst überwinden muss. Die Hauptsymptome lassen sich folglich zusammenfassen in Freudlosigkeit, Niedergeschlagenheit, geringe Aktivität und Interessenlosigkeit, Suizidgedanken, Selbstverletzungen und Suizidhandlungen. Depressionen erfassen drei Ebenen des erkrankten Menschen: Zum einen die emotionale Ebene, die die Stimmung, das Denken und Gefühl der depressiven Person tangiert, die motivationale Ebene, die den Antrieb schwächt und zum anderen die somatische Ebene, die das Handeln und die körperliche Befindlichkeit einschränkt.7Laut dem Bundesministerium für Bildung und Forschung ist die Grundvoraussetzung für die Entstehung einer Depression ein emotionaler Zwischenfall. Auch chronischer Stress oder Vulnerabilität, sogenannte leichte seelische Verwundbarkeit, können zu Depressionen führen. Als Folge des emotionalen Zwischenfalls kommt es zu einer unmittelbaren emotionalen Reaktion der betroffenen Person. Durch die entstehende depressive Stimmung kommt es zur Depressionskrankheit. Insbesondere diejenigen Personen sind stark davon betroffen, die biologisch gesehen einen zu hohen Serotoninabbau aufweisen. So kommt es bei solchen Personen schneller zu einer Zunahme von negativen Diskrepanzen. Diese Negativität hat eine dysphorische Stimmung zur Folge, die sich in einer tristen, bedrückenden Gemütslage äußert. Als zentraler Auslöser einer Depression gilt ein persönliches, das Subjekt des Menschen betreffendes negatives Ereignis. Dadurch können Menschen mit einem gestärkten sozialen Umfeld besser mit negativen Ereignissen umgehen als solche, die in einem weniger gefestigten Umfeld leben. Diese Konditionalität des sozialen Umfelds scheint eine Grundvoraussetzung zu sein, die weitere Schritte

---

6   Vgl. ebenda, S. 15f.
7   Vgl. Summer 2008, S. 16f.

einer Depression eindämmt oder auslöst.8 Im Folgenden sollen ausgewählte Erklärungsansätze betrachtet werden, um die Ursachen für das Entstehen der Depressionskrankheit aufzudecken.

---

8   Vgl. Bundesministerium für Bildung und Forschung 2001, S. 45f.

2.2 Erklärungsansätze der Depression

Bei Betrachtung der weiten Verbreitung der Depressionskrankheit, die weiterhin eine steigende Tendenz aufweist, stellt sich selbstverständlich die Frage nach den Ursachen, die das Entstehen dieser folgenreichen psychischen Krankheit bedingen. Um diese Ursachen aufzudecken, wurden bereits in vielen verschiedenen wissenschaftlichen Bereichen Untersuchungen getätigt. Es wurde festgestellt, dass sich die Krankheit Depression nicht auf monokausale Erklärungsansätze stützen lässt. Vielmehr haben einzelne Wissenschaftsbereiche eigene Erklärungsansätze entwickelt, die selten das gesamte Spektrum der Depressionskrankheit erfassen. Auch gibt es Widersprüche und Gemeinsamkeiten unter den verschiedenen Erklärungsansätzen. Während beispielsweise eine Theorie darauf basiert, dass Depressive nicht genug Liebe und Aufmerksamkeit bekommen haben, gehen andere Theorien davon aus, dass die Betroffenen zu viel davon bekommen haben. Zudem gibt es sowohl Erklärungsansätze, die die Ereignisse in der frühen Kindheitsphase als auslösend betrachten als auch Ansätze, die belastende Zustände in der Gegenwart als Ursache für das Entstehen einer Depression sehen. Es gibt vielfältige und unterschiedliche Ursachen, die die Entstehung einer Depression herbeiführen können. Wie breits erwähnt, spielen hierbei biologische und psychologische Faktoren eine wesentliche Rolle. Im Folgenden sollen drei ausgewählte Erklärungsansätze aufgezeigt werden. Hierbei wird der psychodynamische, psychosoziale und kognitive Erklärungsansatz für die Entstehung der Depressionskrankheit thematisiert.

2.2.1 Der psychodynamische Erklärungsansatz

Im Jahre 1917 entwickelte Sigmund Freud die Basis für den psychodynamischen Erklärungsansatz. Freud war der Meinung, dass die psychische Verfassung eines Individuums von den nicht bewusst wahr genommenen Konflikten im Inneren der Person abhängt, die zwischen den Trieben („Es") und den moralischen Konflikten („Über-Ich") stattfinden. Er macht eine frühe negative Erfahrung in der Kindheitsphase für das Entstehen der Depression verantwortlich. Mit psychodynamisch meint Freud innere Konfilkte und die damit einhergehenden Triebe. Dieser innere Konflikt stammt aus dem „Es", welches sich vor allem auf die Libido und die Triebe auswirkt, und dem „Über-Ich", welches die Moral dominiert. Das „Es" und „Über-Ich" kollidieren immer dann miteinander, wenn es um Moralische - und Triebbefriedigung geht. Dies ist in Abhängigkeit zur elterlichen Erziehung und der damit verbundenen primären Sozialisation zu sehen. Wie intensiv die inneren Konflikte sind, hängt davon ab, wie stark das „Über-Ich", also das Gewissen, ausgebildet ist, wobei dies wiederum abhängig ist von der Erziehung durch die Eltern oder andere Bezugspersonen. Erreicht dieser innere Konflikt eine gewisse Intensität, so gelingt es dem „Ich" nicht, zwischen den beiden rivalisierenden Seiten zu vermitteln. Dadurch kommt es zu Verdrängungen, die als Folge der elterlichen Erziehung zu sehen sind. Viele Eltern erziehen ihre Kinder zum „Funktionieren" und schaffen somit ein inneres, seelisches Ungleichgewicht und eine Überforderung bei ihren Kindern.

Daher werden die Ursachen für eine Depression von den Vertretern Freuds meistens in der Familienstruktur gesucht, da die Erziehung und Eltern-Kind Beziehung ihrer Meinung nach eine entscheidende Rolle beim entstehen innerer Konflikte spielen.9 Summer schreibt diesbezüglich: „Erst wenn die depressive Überforderung ein nicht mehr erträgliches Maß erreicht, wird aus der latenten eine manifeste Depression."10 Die endogene Depression wird auf diese inneren Konflikte reduziert, die ohne ersichtlichen Grund ausbrechen. Zudem wird die neurotische Depression ebenfalls auf belastende Erfahrungen in der frühen Kindheitsphase zurückgeführt. Als Ursache kann ein unbedeutendes Ereignis in der frühen Kindheit dienen, dass diese „Ich"-Hilflosigkeit aus der Kindheit ausbrechen lässt. Bei dem Entstehen der Depression gelingt es dem „Ich" nicht, zwischen dem „Über-Ich" und „Es" zu vermitteln. Freuds „psychodynamischer Erklärungsansatz" der Depression lässt sich demzufolge als eine Beschreibung innerer seelischer Vorgänge verstehen, die miteinander bereits in der frühen Kindheit kollidieren und somit zur Depression führen.

2.2.2 Der psychosoziale Erklärungsansatz

In vielen Erklärungsansätzen wird meistens ausschließlich nach persönlichen Einstellungen oder erzieherischen Fehlleistungen gesucht, d.h. die Ursache der Depression wird sehr oft in der erkrankten Person selbst gesucht. Äußere Faktoren wie das soziale Umfeld, Stress oder gesellschaftliche Umstände werden in den meisten Erklärungsansätzen oft nicht beachtet. Es gibt kaum Erklärungsansätze, die begründen können, weshalb gerade in modernen Gesellschaften wie beispielsweise in den Industrienationen Japan oder den USA die Anzahl der an Depressionen leidenden Menschen sehr hoch ist. Dies ist darin begründet, dass der Einfluss von gesellschaftlichen Veränderungen oder problematische Gesellschaftsstrukturen bei den Erklärungsansätzen kaum berücksichtigt werden (abgesehen vom psychosozialen Erklärungsansatz). Psychosozial bedeutet die Betrachtung von psychologischen Faktoren unter der Bedingung sozialer Aspekte. Zudem wird der psychosoziale Begriff auch unter dem Begriff „Sozialpsychologie" geprägt, welcher als Teilgebiet der Psychologie verstanden wird und sich mit den sozialen Interaktionen der Individuen sowie der Sozialisation sozialer und kultureller Normen beschäftigt. Im „psychosozialen Erklärungsansatz" wird das Zusammenspiel von Gesellschaft und Depression betrachtet. Es stellt sich die Frage, wieso die Anzahl der an Depression leidenden Menschen in den letzten Jahren vehement gestiegen ist. Experten sind sich einig, dass die Zahl der Erkrankten aufgrund neuer diagnostischer Möglichkeiten und der dadurch gestiegenen Aufmerksamkeit gegenüber dem Krankheitsbild der Depression erklären lasse. Außerdem ist die Stigmatisierung der Depressionskrankheit zurückgegangen, weil heutzutage offener mit psychischem Leid umgegangen wird. Eine wichtige psychosoziale Ursache sehen die Experten vor allem in der zunehmenden

9   Vgl. Summer 2008, S. 30ff.
10 Ebd., S. 31.

Arbeitsbelastung. Hierbei wird insbesondere das Erleben geringer Beeinflussbarkeit der belastenden Arbeitsbedingungen zum Auslöser einer Depression verantwortlich gemacht. Auch mangelnde Anerkennung, die Bedeutungslosigkeit des eigenen Tuns, die niedrigen Löhne und die wenigen Chancen des beruflichen Aufstiegs werden häufig als Ursache psychischer Erkrankungen gesehen. Zudem führen hoher Arbeitsdruck, belastende Arbeitsintensität und eine verlängerte Arbeitszeit häufig zu Stress, welcher in Depressionen resultiert. Sehr oft hängen Depressionen auch mit dem Verlust des Arbeitsplatzes, einer fehlenden Zukunftsperspektive oder Armut zusammen.[11] Der psychosoziale Ansatz ist abhängig von der Gesellschaft. Die Ursachen der Depression werden gesellschaftlichen Bedingungen und Zuständen zugeschrieben.

2.2.3 Der kognitive Erklärungsansatz

Der Begründer dieses Ansatzes, Aaron T. Beck, sah die Ursache für Depressionen in den kognitiven Vorgängen des Menschen. Beck gilt als Begründer der kognitiven Verhaltenstherapie, welche sich auch auf die Depressionskrankheit anwenden lässt. Er beschreibt die Depression als ein psychisches Krankheitsbild, das durch die negative Sicht des betroffenen Subjekts auf sich selbst zurückzuführen ist. Negative Gefühle werden im kognitiven Erklärungsansatz weniger emotional begründet, sondern gelten vielmehr als ein Resultat fehlerhafter Konditionen. Laut Beck ist die negative Sichtweise des Individuums auf seine Gegenwart und Zukunft für das Entstehen der Depression verantwortlich. Er sucht die Ursachenzusammenhänge nicht in äußeren Faktoren, sondern sieht die Wurzeln der Depressionskrankheit vielmehr im Individuum selbst. Bei fehlerhaften Kognitionen kommt es nach dem kognitiven Ansatz zu einer kognitiven Triade, in der der Betroffene belastende Ereignisse in seinem Leben fehlerhaft verarbeitet. Sein dysfunktionales Denken, das von fehlender Logik und großer Selbstkritik geprägt ist, lässt den Betroffenen von einzelnen negativen Erfahrungen auf zukünftige negative Erfahrungen schließen, sodass Erfolge und positive Ereignisse ausgeschlossen und negative Erfahrungen in der Zukunft erwartet werden. Da diese Kognitionen für den Depressiven sinnvoll erscheinen, entwickeln sich Denkmuster, die sich mit der Zeit fest verankern. Das Ergebnis dieser Fehlentwicklungen in den Kognitionen der Betroffenen resultiert in der Entstehung von Depressionen. Negative Ereignisse werden auf die eigene Person bezogen, während positive Ereignisse kaum wahrgenommen und ignoriert werden.[12] Nach dem kognitiven Erklärungsansatz halten sich depressive Personen selbst für unfähiger als sie tatsächlich sind. Oft wird sogar offensichtlicher Erfolg als Misserfolg gedeutet. Jegliche Aktivität wird als eine nahezu unüberwindbare Barriere empfunden. Aufgrund von pessimistischen, negativen Grundeinstellungen kommt es zu negativen Emotionen und schließlich zu negativen Handlungen der betroffenen Person. Dies führt zu einem Kreislauf negativen Verhaltens und Empfindens, sodass das Denken und Handeln der erkrankten Person von einer andauernden

---

11   Vgl. ebd., S. 36f.
12   Vgl. ebd., S. 32f.

Negativität geprägt wird.13Alle drei Erklärungsansätze sind nicht klar voneinander abzugrenzen und können auch in Kombination miteinander auftreten. Während der psychodynamische und kognitive Erklärungsansatz die Entstehung der Depressionskrankheit aufgrund von endogenen, subjektiven, das Individuum betreffenden Ursachen versucht zu erklären, bezieht sich der psychosoziale Erklärungsansatz vielmehr auf exogene, von Außen einfließende Faktoren, die das Zusammenspiel von Gesellschaft und Individuum beleuchten. Im Rahmen dieser Arbeit wird der Fokus auf den psychosozialen Erklärungsansatz gelegt, da vor allem das Verhältnis zwischen Depression und Gesellschaft aufgedeckt werden soll.zusammenfassend lässt sich festhalten, dass die Erklärungsansätze für die Entstehung der Depressionskrankheit sehr unterschiedlich sind. Manche Erklärungsansätze bestimmen Einflüsse von der Umwelt und den Mitmenschen als Ursache, andere dahingegen innere, seelische Vorgänge. Während einige Ansätze den Ursprung in der Kindheit und Erziehung der Eltern sehen, bestimmen andere Theorien die jeweilige gegenwärtige Situation des Individuums als Ursache für den Auslöser einer Depression. Eindeutig zeigen diese unterschiedlichen Ansätze aber, dass es eine Reihe von Faktoren gibt, die beim Entstehen von Depressionen eine entscheidende Rolle spielen. Es lässt sich mit Sicherheit festhalten, dass psychologische, biologische und soziale Bedingungen berücksichtigt werden müssen, um die Heilungswege und Ursachenzusammenhänge für Depressionen ermitteln zu können. Im Folgenden soll die soziologische Verortung der Depressionskrankheit innerhalb unserer Gesellschaft thematisiert werden. Hierbei wird zum einen der Zusammenhang von Depression und Gesellschaft und zum anderen das Verhältnis von Individuum und Gesellschaft beleuchtet. Zudem wird das Problem der Identitätsfindung innerhalb der Gesellschaft und der Einfluss von Institutionalisierungen auf die Lebensführung der Individuen aufgezeigt.

---

13   Vgl. Seligmann 1992, S. 81f.

3. Die soziologische Verortung der Depression

3.1 Zusammenhang zwischen Depression und Gesellschaft

Woher kommt es, dass immer mehr Menschen an Depressionen leiden und inwieweit hängen Depression und Gesellschaft zusammen? Die hygienischen Bedingungen in der westlichen Welt sind auf einem hohen Niveau. Dank neuester Medikamente können auch körperliche Krankheiten schnell geheilt werden. Mittlerweile sind bis zu 300 Millionen Menschen an Depressionen erkrankt. Das durchschnittliche Alter der Erkrankten verringert sich immer weiter.14 Die Entstehung der Depression ist in psychischen, biologischen, genetischen und sozialen Faktoren verankert, die sich auf ein vorangegangenes Ereignis beziehen, wie bspw. der Verlust eines geliebten Menschen. Auch der gesellschaftliche Wandel setzt die Individuen unter Druck. Seit dem 19. Jahrhundert scheint es, als hätten sich die Werte und Ziele eines Individuums grundlegend geändert. Es scheint, als sei man in der heutigen Wissensgesellschaft in unserer globalisierten Welt dazu verpflichtet, Erfolg zu haben und sich selbst zu verwirklichen. Jeder Einzelne wird in gewisser Weise einem Leistungsdruck ausgesetzt, sich gegenüber den Mitgliedern der Gesellschaft behaupten zu können. In unserer heutigen technisch fortgeschrittenen Wissensgesellschaft wird das Individuum dem Druck ausgesetzt, sein Leben so erfolgreich wie möglich zu gestalten. In Anlehnung an Freud hat dieses „Ich-Ideal" zur Folge, dass die selbstgesetzte Erwartungshaltung oft nicht erfüllt werden kann. Dadurch beginnt das Individuum, an sich selbst zu zweifeln und fühlt sich als Versager in einem Gesellschaftssystem voller erfolgreicher und leistungsstarker Mitglieder. In bestimmten Fällen kann dies zu einer psychischen Erkrankung führen, die auch für die Mitmenschen des Erkrankten eine Belastung darstellt. Die Gesellschaft ist ein Grundbaustein für das Zusammenleben der Individuen. Der Begriff „Gesellschaft" ist jedoch mehrdeutig und unterschiedlich auslegbar. Er kann je nach Fragestellung und Objektbezug unterschiedlich verwendet werden.15Damit eine Gesellschaft besser verstanden werden kann, werden oft Typologisierungen getätigt, um eine systematische Ordnung und Strukturierung von Personen, Symbolen oder Relationen zu schaffen. Im Laufe der Zeit ändern sich diese Merkmale, beispielsweise durch technische Neuerungen. Somit ändert sich auch die Entwicklung des Individuums innerhalb der Gesellschaft. In Zeiten des Mittelalters hatten die Individuen einen festen Platz in der Gesellschaft. Mit der Aufhebung der Ständegesellschaft bekommt das Individuum seinen Platz innerhalb der Gesellschaft nicht mehr zugewiesen. Der gesellschaftliche Wandel hat im Laufe der Zeit dazu geführt, dass Veränderungen in der Individualität entstanden sind.16Nach Habermas ist Öffentlichkeit ein Bereich des gesellschaftlichen Lebens, in dem sich eine öffentliche Meinung bilden kann.17 Dieser Bereich des

---

14   Vgl. Haubl 2005, S. 292.
15   Vgl. Endruweit / Trommsdorf 2002 , S. 194f.
16   Vgl. ebd., S. 197f.
17   Vgl. Habermas 1973, S. 61f.

gesellschaftlichen Lebens ist heutzutage jedem zugänglich und kann durch Medien, Fernsehen, Zeitschriften et cetera weitergegeben werden. In unserer heutigen globalisierten Welt wird die Öffentlichkeit immer mehr zu einer Erweiterung des privaten Lebens. So kann beispielsweise jedes Individuum im sozialen Netzwerk „facebook" der Öffentlichkeit mitteilen, was er oder sie gerade tut. Überall auf der Welt kann privates Leben veröffentlicht werden. Die globalen Kommunikationsmöglichkeiten ermöglichen, dass das private Leben immer mehr Anklang in der Öffentlichkeit findet. Die Beziehung zwischen dem Öffentlichen und Privaten haben sich grundlegend verändert. Heutzutage sind die Menschen über das mobile Internet fast überall auf der Welt erreichbar. Das Individuum ist nicht mehr eingebunden in sozialpolitische Schranken und kann sich selbst innerhalb der Öffentlichkeit autonom positionieren. Zudem sorgen verbesserte Lebensumstände durch verbesserte Bildungssysteme, komfortable Wohnbedingungen und ein gutes Gesundheitswesen für materiellen Wohlstand. Die Individuen leben in einer Gesellschaft, in der der Mitteilungsdrang nach außen zu einer Veröffentlichung des Privaten führt. Durch das Geltungsbedürfnis und den Drang nach Anerkennung innerhalb der Gesellschaft kann es zu psychischen Erkrankungen wie Depressionen kommen. Die Gesellschaft an sich ist stets im Wandel. Durch die Veränderung der materiellen Lebensgrundlage hat sich die Beziehung zwischen Individuum und Gesellschaft ebenfalls grundlegend geändert. Infolge des materiellen Wohlstandes, der nun auch in einfachen Bevölkerungskreisen zugänglich geworden ist, hat das Individuum innerhalb der Gesellschaft Autonomie erlangt. Aufgrund der materiellen Unabhängigkeit schrumpft die Abhängigkeit des Individuums. Demzufolge ist die Krankheit Depression nicht bloß als eine Folge von Armut oder sozioökonomischen Misslagen zu verstehen, sondern auch als eine Krankheit des Wohlstandes.18 Laut Alain Ehrenberg ist der gesellschaftliche Wandel eine Ursache für das Zunehmen der Depressionsraten. Diesbezüglich äußert sich Ehrenberg wie folgt: „Verstädterung, räumliche Mobilität und das Aufbrechen emotionaler Bindungen, das mit ihnen einhergeht, das Anwachsen der sozialen Anomie, die Veränderung in den Familienstrukturen, das Zerbrechen der traditionellen Geschlechterrollen erhöhen die Depressionsrate in der Gesellschaft"19 Gesellschaftlich auferlegte Schranken und Hierarchien wurden abgeschafft. Festgeschriebene Normen und Tabus wurden aufgebrochen, sodass eine Autonomisierung des Individuums stattfinden konnte. Die heutige Gesellschaftsstruktur legt den Individuen eine neue Moral nahe, die dem Ideal des Individuums viel abverlangt. In der heutigen fortgeschrittenen Welt ist nicht jedes Individuum dem Leistungsdruck der Gesellschaft gewachsen. Selbstverwirklichung, Autonomie, die Freiheit von festgeschriebenen Norm-und Moralvorstellungen und der Wunsch nach Selbstentfaltung führt bei Nichterfüllung dieser Zielsetzungen des Individuums zu Depressionen. Hinzu kommt die Schnelllebigkeit in unserer n Gesellschaft. Alles muss schneller und besser funktionieren, sodass bei

---

18   Vgl. Ehrenberg 2008, S. 143f.
19   Ebd., S. 146.

Zeitmangel Stress entsteht, wenn das Individuum dem geforderten Tempo nicht gerecht werden kann. So kommt es dazu, dass das Individuum oft das Gefühl bekommt, etwas zu verpassen oder in Hektik leben zu müssen. Nur um nichts zu verpassen und gesellschaftlich auf dem Laufenden zu bleiben, gehen viele Individuen auf Partys und erschöpfen sich selbst darin, immer auf dem neuesten Stand zu sein. Das Geltungsbedürfnis und die Veröffentlichung des Privaten (wie etwa auf facebook) innerhalb der modernen Gesellschaft führt dazu, dass das Individuum in ständiger Konkurrenz zu seinen Mitmenschen lebt und in das Bedrängnis gerät, genauso viel Spaß wie seine Mitmenschen zu haben, genauso viel Lebensfreude zu verspüren und immer mittendrin zu sein. Depression wird als ein Scheitern und Versagen an den aktuellen gesellschaftlichen Gegebenheiten gesehen. Betroffene fühlen sich oft überfordert und sind unzufrieden mit sich selbst. Die Krankheit Depression ist also ein individuelles Problem, was gesellschaftlich bedingt ist. Mit dem unvermeidlichen Zwang zur Anpassung an den Wohlstand und Lebensstil der anderen Gesellschaftsmitglieder entstehen Unzufriedenheiten, die negative Gefühle hervorrufen und in Depressionen ausarten können. In unserer heutigen modernen Gesellschaft gehört die beschleunigte Geschwindigkeit des Lebens zu den herausragendsten Merkmalen. Die sozialen Interaktionen haben sich durch die Globalisierung und technische Fortschritte vermehrt, sodass ein kommunikatives globales Netzwerk entstanden ist. Die neuen Technologien sind für die Basis der weltweiten Kommunikationsmöglichkeiten entscheidend. Somit können gesellschaftliche Tätigkeiten dank dem mobilen Internet überall auf der Welt stattfinden.[20] Dadurch ist jeder Einzelne dazu in der Lage, seine sozialen Beziehungen immer wieder neu zu ordnen. Durch die Veröffentlichung des privaten Lebens und das vernetzte Geltungsbedürfnis müssen die Individuen immer wieder aktive Entscheidungen darüber treffen, was sie tun und warum sie sich so entscheiden. Dies kann zur Überforderung und psychischen Belastungen führen. In unserer modernen Gesellschaft von heute ist jeder Einzelne für sein Tun selbst verantwortlich, wobei die Schnelllebigkeit der Gesellschaft die Kontrolle und Reflexion über die eigene Aktivität erschwert.[21]

---

20 Vgl. Pongs 2000, S. 56ff.
21 Vgl. ebd., S. 57.

3.2 Verhältnis zwischen Individuum und Gesellschaft

Durch das Internet werden zahllose Informationen verbreitet, sodass Kommunikationssituationen entstehen, in denen die Individuen immer wieder neue Informationen weitergeben. Die schnelle Informationsverbreitung sorgt für das Entstehen von Interaktionen zwischen den Individuen. Fromm beschreibt den Zusammenhang von Individuum und Gesellschaft wie folgt: „Die Gesellschaft ist nichts als die lebendigen, konkreten Individuen, und das Individuum kann nur als vergesellschaftetes Individuum leben."22 Demzufolge sind das Individuum und die Gesellschaft voneinander abhängig. Beide stehen in Wechselwirkung zueinander, sodass die Gesellschaft durch das Individuum bedingt ist und das Individuum die Gesellschaft bedingt. Der in der Gesellschaft praktizierte Lebensstil führt zu bestimmten gesellschaftlichen Typologisierungen und Strukturen, die für die jeweilige Gesellschaft charakteristisch sind. Außerdem formen diese den Charakter des Individuums. Es stellt sich nun die Frage, was genau unter Charakter zu verstehen ist. Der Charakter eines Menschen ist eine bestimmte Reaktion auf den äußeren Einfluss, der auf ihn einwirkt. Dieser äußere Einfluss steht meistens in Abhängigkeit zur Gesellschaft. Durch die in der Gesellschaft vorhandenen Strukturen wird der Charakter einer Persönlichkeit geformt. Wie sich der Charakter eines Individuums ausbildet hängt davon ab, inwieweit die Individuen ihre Bedürfnisse befriedigen können. Demzufolge manifestiert sich der Charakter eines Individuums in bestimmten Verhaltensweisen, Trieben, Ängsten und Einstellungen. Fromm beschreibt den Charakter als eine Form menschlicher Energien und als eine Art Werkzeug des Individuums, seine Bedürfnisse unter den gegebenen Lebensumständen durchzusetzen und sich gegen Gefahren zu schützen.23 Die Erfüllung der eigenen Bedürfnisse und Triebe ist jedoch kein Garant für seelische Ausgeglichenheit und Gesundheit. Viele Wünsche lassen sich in der Regel nicht mit den herrschenden Verpflichtungen und der heutigen Arbeitswelt vereinen. Die zu erfüllenden Aufgaben, das ständige aktive Handeln und Funktionieren innerhalb der Gesellschaft, lässt oft viele Wünsche und Bedürfnisse unbefriedigt zurück. Selbst bei einer völligen Befriedigung der Bedürfnisse kann keine psychische Gesundheit garantiert vorhanden sein. Die zu erfüllenden Aufgaben in der Bewältigung des Alltags und die herrschende Arbeitsintensität am Arbeitsplatz stellt für viele Menschen eine Belastung dar, die sie an der Befriedigung ihrer Bedürfnisse hindert. Dadurch kann es zu inneren Konflikten kommen.24 Auf der einen Seite stehen die Triebwünsche und Bedürfnisse des Individuums, auf der anderen Seite steht das geordnete gesellschaftliche Leben mit seinen hohen Anforderungen und zu bewältigenden Aufgaben. Wenn die Befriedigung der Bedürfnisse nicht erreicht werden kann, so beginnt das Individuum zu leiden. Es entstehen psychische Belastungen, die die Persönlichkeit des Individuums negativ beeinflussen. Da das Funktionieren des

---

22   Fromm 1993, S. 201.
23   Vgl. ebd., S. 201f.
24   Vgl. ebd., S. 71ff.

gesellschaftlichen Zusammenlebens gewährleistet sein muss, können nicht alle Triebwünsche und Bedürfnisse befriedigt werden. Die eigenen Bedürfnisse und Wünsche müssen einem allgemeinen Moral- und Normkodex angepasst sein, damit die Gesellschaftsstruktur erhalten bleiben kann. Das Gewissen, welches im „Über-Ich" vorhanden ist, sorgt als moralische Instanz dafür, dass die Triebe des Individuums, die dem Allgemeinwohl oder dem gesellschaftlichen Funktionieren schaden, unterdrückt werden. Dies soll als Verinnerlichung der gesellschaftlichen Normen, Moral-und Wertvorstellungen dienen und somit zu einem friedlichen Nebeneinander beitragen.25Allgemein kann festgehalten werden, dass das Verhältnis zwischen Individuum und Gesellschaft eher weniger gefestigt und instabil ist. Durch die Anforderungen der Gesellschaft wird das Individuum in Aufgaben gedrängt, die sehr viel Energie und Zeitinvestitionen abverlangen. Dabei bleiben die eigenen Bedürfnisse meistens unberücksichtigt. Die Gesellschaft treibt das Individuum zu immer mehr Leistungen an. Der Leistungsdruck führt dazu, dass Individuen, die nicht dem Druck nachkommen können, an Grenzen stoßen und sowohl psychisch als auch körperlich krank werden. Dies kann man in der steigenden Anzahl der an Burnouts und Depressionen erkrankten Menschen sehen. Die entstehenden inneren Konflikte des Individuums haben ihren Ursprung darin, dass die Wünsche, die befriedigt werden wollen, aufgrund von Unterdrückungsmechanismen nicht ausgelebt werden können. Im Folgenden soll die Identitätsfindung der Individuen im gesellschaftlichen Kollektiv betrachtet werden.

3.2.1 Identitätsfindung im gesellschaftlichen Kollektiv

Wie bereits aufgeführt, stehen Gesellschaft und Individuum in Wechselwirkung zueinander. Durch die Sozialisation und die Interaktion zwischen den Gesellschaftsmitgliedern wird das Individuum innerhalb der Gesellschaft geformt. Hierbei bildet sich die Identität des jeweiligen Individuums heraus. Mit persönlicher Identität ist die Kontinuität und Konsistenz des biographischen Erlebens gemeint. Umgekehrt sorgt auch die Identität dafür, dass das Individuum innerhalb der Gesellschaft agiert und diese im Gegenzug ebenfalls formt. Die Identität ist somit nicht nur ein persönliches, sondern auch ein gesellschaftliches Phänomen, das von Kultur zu Kultur unterschiedlich sein kann.26 Durch die zunehmende Differenzierung der Gesellschaft wird die Identitätsfindung für das Individuum immer schwerer. Die Rollen, die einzunehmen sind, werden differenzierter, sodass die Individuen eine ausgeprägte Wahlmöglichkeit haben. Durch die Wahlmöglichkeit der verschiedenen Rollen werden die Individuen überfordert. Es entsteht hoher Druck, der Rollenerwartung nicht gerecht zu werden und zu versagen. Der gesteigerte Leistungsdruck kann als Ursache für den Druck angesehen werden. Zudem werden die Individuen in eine Flexibilität gedrängt, die von ihnen verlangt, sich mehrmals am Tag in unterschiedliche

25   Vgl. ebd., S. 203ff.
26   Vgl. Berger / Luckmann 1969, S.185f.

Rollen hineinzuversetzen. Deshalb bleibt den Individuen auch kein Freiraum für Selbstentfaltung. In unserer heutigen Gesellschaft wird das Individuum immer mehr dazu gedrängt, wie eine Maschine zu funktionieren. Dabei bleiben eigene Bedürfnisse und die persönliche Entfaltung zurück. Dies führt zu immer mehr Unbehagen und Stress in der Gesellschaft.27Die Identität bzw. der Charakter eines Menschen kann sich im Laufe der Zeit ändern, denn er ist eine Prägung des Individuums durch den Einfluss anderer. Die Identitätsfindung erfolgt über die Verinnerlichung von Werten und Normen und ist ein lebenslanger Prozess. Die Identität des Individuums wird durch seine Gegenüber geprägt - in der Kindheitsphase durch seine Eltern und im späteren Verlauf seines Lebens durch die Gesellschaft. Auch spielt die Sprache bei der Identitätsentwicklung eine wichtige Rolle, weil sie die Basis für ein evidentes Verständnis innerhalb der zwischenmenschlichen Kommunikation bildet. Die soziale Rolle des Individuums stellt innerhalb der Gesellschaft in gewisser Weise den Status des Individuums dar und weist ihm spezifische Aufgaben zu. An diese Rollen sind soziales Handeln und Erwartungen geknüpft, welche das Individuum zu erfüllen hat. Die Identität entwickelt sich als Resultat der Wechselbeziehung zwischen Individuum und Gesellschaft, denn das Individuum identifiziert sich einerseits mit den sozialen Rollen und andererseits mit seinem sozialen Umfeld. Hurrelmann schreibt bezüglich der Identität: „Je entscheidungsfähiger und handlungssicherer ein Mensch ist, je mehr Fertigkeiten zur Bewältigung psychischer und sozialer Probleme er besitzt, je mehr er in sichere soziale Beziehungsstrukturen und Netzwerke einbezogen und in wichtigen gesellschaftlichen Rollenzusammenhängen anerkannt ist, desto besser sind die Voraussetzungen für die Identität und damit die selbstständige und autonome Handlungsfähigkeit."28Das Selbst, die Identität, ist aber keinesfalls nur das Ergebnis sozialer Prozesse. Es ist nicht als eine bloße Widerspiegelung sozialer Prozesse zu verstehen, sondern ist in seinem Wesen zu Selbstbestimmung fähig. Im Zuge des Heranwachsens besteht der Mechanismus der Persönlichkeitsentwicklung darin, dass sich das Subjekt aus einer normativen Perspektive seines Gegenübers begreifen lernt. Mit dem Kreis seiner Interaktionspartner erweitert sich auch der Bezugsrahmen seines Selbstbildes. Diese Entwicklung der persönlichen Identität findet nach Honneth in den zwei Phasen des kindlichen Spiels statt. In der ersten Phase („Play") kommuniziert das Kind mit sich selber, indem es das Verhalten einer konkreten anderen Person imitiert und darauf auch reagiert. In der zweiten Phase („Game") hingegen muss das Kind die Erwartungen einer ganzen Gruppe verinnerlichen, um seine Rolle im Gruppengefüge finden zu können.29 Über diese beiden Phasen der Identitätsfindung des Kindes schreibt Honneth: „Der Unterschied zwischen den beiden Stufen des Spiels bemißt sich an der Differenz im Allgemeinheitsgrad der normativen Verhaltenserwartungen, die das Kind jeweils in sich zu antizipieren hat: im ersten Fall ist es das konkrete Verhaltensmuster einer sozialen Bezugsperson,

---

27   Vgl. Hell 2008, S. 86f.
28   Hurrelmann 2002, S. 39.
29   Vgl. Honneth 1994, S. 123ff.

im zweiten Fall dagegen sind es die sozial generalisierten Verhaltensmuster einer ganzen Gruppe, die als normative Erwartungen kontrollierend in das eigene Handeln miteinbezogen werden müssen."30 Dieses Entwicklungsmodell zur Subjektwerdung in der Kindheitsphase einer Persönlichkeit macht deutlich, dass die Bildung der Identität an die Voraussetzung geknüpft ist, mit Anderen interagieren zu können. Zudem wurde gezeigt, dass das Kind gesellschaftliche Erwartungen, nämlich die Erwartungen ihrer Spielpartner, verinnerlicht. Der Übergang von der „Play" Phase zur „Game" Phase macht deutlich, dass das Kind zum einen an Selbstbewusstsein gewinnt und zum anderen vergesellschaftet wird.31

3.2.2 Einfluss der Institutionen

Der gesellschaftliche Wandel hat die Menschen aus traditionellen Lebensformen, wie beispielsweise Klassen, Schichten, Geschlechtszuschreibungen und bestimmten Familienformen herausgelöst und eine Individualisierung und Autonomisierung der Lebensführung herbeigeführt. In unserer modernen Gesellschaft ist jedes Mitglied ein Individuum, welches ehemalige soziale Bezugseinheiten wie Klassen und Stände aufgebrochen hat. Der generations- und geschlechterübergreifende Bezugsrahmen, der die Menschen früher aufgefangen und ihnen einen Lebenszusammenhang gegeben hat, ist verloren gegangen. Jedes Individuum ist sein eigener Bezugsrahmen, sodass jeder Einzelne sowohl bei der Lebensplanung als auch bei seiner Existenzsicherung auf sich alleine gestellt ist. Diese Autonomie und Selbstständigkeit legt jedem Individuum die Bürde auf, sich selbst zu verwirklichen und seine persönliche Unabhängigkeit zu erlangen, um das Existenzminimum sichern zu können.32 Die Menschen sind jedoch in all ihren Lebenslagen, ganz gleich wie autonom sie zu sein scheinen, vom Arbeitsmarkt abhängig. Die Individualisierung, in der jeder Einzelne sich von festgefahrenen Strukturen herauslöst und ein selbstbestimmtes Leben führt, resultiert in einer Abhängigkeit vom Arbeitsmarkt. Geld, Mobilität, Bildung und vieles mehr sind Grundlagen, die jedes Individuum anstrebt, um sich selbst entfalten zu können. Die Abhängigkeit vom Arbeitsmarkt bringt automatisch weitere Abhängigkeiten mit sich. Um Wohlstand erreichen zu können, ist man abhängig von Bildungssystemen, medizinischen Institutionen, der Justiz und vielem mehr. Der Einfluss dieser Institutionen reicht dabei bis ins Private. Die angestrebte Unabhängigkeit, ein individuelles und selbstständiges Leben zu führen, bringt die Abhängigkeit von Institutionen mit sich. Die Individuen können sich dem Einfluss des Arbeitsmarktes nicht entziehen und können keinen Einfluss auf Institutionen nehmen, da sie nicht in Prozesse eingreifen können, die ihre Biographie entscheidend bestimmen. Treten dann Konflikte oder Probleme durch diejenigen Institutionen auf, von denen die Individuen abhängig sind, werden

---

30   Ebd., S. 124.
31   Vgl. ebd., S. 124f.
32   Vgl. Endruweit / Trommsdorf 2002 , S. 193ff

die Individuen negativ beeinflusst, ohne etwas konkretes dagegen unternehmen zu können. Aus diesem Grund könnte man meinen, dass damalige gesellschaftliche Schranken wie Stände, Schichten oder festgefahrene Familenstrukturen der Institutionalisierung von Machtinstanzen gewichen sind, die sich unmittelbar auf die Lebensführung der Individuen auswirken, ohne dass diese sich dagegen wehren können. Die Biographien der Menschen werden also nicht mehr so stark von Ständen, Klassen und Familen bestimmt, wie es früher der Fall war, sondern von institutionellen Instanzen.[33]So ist beispielsweise die Kindheit und Jugend sehr stark vom Bildungssystem Schule geprägt. Selektionsmaßnahmen wie das Sitzenbleiben, die Herunterstufung in niedrige Schulformen oder Aussonderungen in die Sonderschule prägen die Lebensführung der betroffenen Schülerinnen und Schüler. Auch der Übergang von der Schule in weiterführende Ausbildungszweige ist für die meisten Individuen entscheidend. Der Ein- und Austritt aus solchen Institutionen bestimmt die Lebensqualität der Individuen, da in unserer heutigen globalisierten Welt qualifizierte Bildungsabschlüsse eine Mindestvoraussetzung dafür sind, Wohlstand erreichen zu können. Das Leben wird von Institutionen gesteuert und standardisiert, da jede Veränderung oder Entscheidung dieser Institutionen einen direkten Eingriff in die Lebenswelt der Individuen mit sich bringt. Wenn zum Beispiel im Berufsleben eine Änderung der Arbeitszeiten erfolgt, hat das einen starken Einfluss auf den gesamten Tagesablauf der betroffenen Person. Die Lebenslagen und der gesamte Verlauf der Biographie eines Individuums wird durch politische Entscheidungen von Institutionen bestimmt. Dadurch kommt es auch zu einer Vernetzung mit den Institutionen, deren Regelungen und Entscheidungen bis in die Privatsphäre der Individuen hineinreichen.

Ein weiterer wichtiger Aspekt ist, dass Medien, insbesondere das Fernsehen, die Institutionalisierung der Biographien verstärken. Das individualisierte Massenpublikum, das nicht nur auf eine Nation und Kultur beschränkt ist, konsumiert weltweit ein standardisiertes Mediennetzwerk, welches räumliche und soziale Grenzen aufhebt. Obwohl jeder Einzelne von der Außenwelt isoliert vor dem Fernseher sitzt und keine zwischenmenschliche direkte Kommunikation stattfindet, werden über die Medien Norme und Werte vermittelt, die sich sehr gut dafür eignen, den Menschen politisch zu beeinflussen. Die Abhängigkeit von den Institutionen birgt jedoch viele Gefahren. Da die autonome Existenzsicherung nur dann möglich ist, wenn man erwerbstätig ist, sind Menschen, die nicht genügend ausbgebildet sind und gar nicht erst in das Berufsleben einsteigen können von starken psychischen Belastungen betroffen. Heutzutage bleibt dem Individuum nichts anderes übrig, als sein Leben isoliert von anderen zu betrachten und sein Leben selbstständig zu bestimmen. Dabei müssen die äußeren Einflusse der Gesellschaft mit dem eigenen Handeln und Planen so verarbeitet werden, dass der Nutzen für das Individuum möglichst groß und die entstehenden Risiken möglichst gering gehalten werden. Dabei müssen die entstehenden Probleme, die durch die Institutionen innerhalb der Gesellschaft forciert werden, von jedem

---

33   Vgl. ebd., S. 195ff.

Einzelnen selbst ertragen und verarbeitet werden. Gelingt es der betroffenen Person nicht, mit entstehenden Misslagen fertig zu werden, können Depressionen entstehen, die sich psychisch und phsysisch negativ auf den Gesundheitszustand des Individuums auswirken. Im weiteren Verlauf soll die Depressionskrankheit als eine Folge der Individualisierungsprozesse vertieft werden.

4. Depression – Eine Folge der Individualisierung?

In unserer heutigen Gesellschaft steht jeder Einzelne als Individuum für sich selbst. Entscheidungen, die getroffen werden, beziehen sich auf den Einzelnen, nicht auf die ganze Gesellschaft. Das Selbst steht im Mittelpunkt dessen was gut oder schlecht für uns ist. Unger schreibt diesbezüglich: „ Er muss für sich selbst Ordnung, Regeln und Werte finden in einer übervollen Welt, in der es vermeintlich alles zu haben gibt und in der jeder alles erreichen kann."34 Um auf den Zusammenhang von Indivudualisierung und Depression in der modernen Gesellschaft einzugehen, wird nun der soziale Erklärungsansatz von Alain Ehrenberg thematisiert. In seinem Werk „Das erschöpfte Selbst – Depression und Gesellschaft in der erschöpften Gegenwart" entwickelt Ehrenberg die Theorie, dass Depressionen ein Anzeichen für die Erschöpfung des Selbst darstellen. Ehrenberg stellt eine Verbindung zwischen der stetigen Zunahme der Depressionsverbreitung und den gesellschaftlichen Veränderungen der Individualität her. In diesem Kapitel soll der Frage nachgegangen werden, ob die gesellschaftlich bedingten Individualisierungsvorgänge zu Depressionen von Individuen führen. Die Untersuchungen Ehrenbergs haben aufgezeigt, dass die geistige Entwicklung der Gesellschaft sehr stark mit der Entstehung von psychischen Krankheiten innerhalb der Gesellschaft zusammenhängt. Ehrenberg sieht die Ursache der Depression in den gesellschaftlich bedingten Veränderungen der Individualität. „Die Fähigkeit zum selbstständigen Handeln ist der Kern der Sozialisation, das lahmgelegte Handeln ist die grundlegende Störung bei der Depression."35 Demzufolge ist die Aufgabe sich selbst zu verwirklichen das, was den Menschen depressiv macht. Die Selbstverwirklichung und Selbstentfaltung lässt fälschlicherweise den Gedanken aufkommen, dass das Individuum in der Gesellschaft autonom ist. Die heutige Gesellschaft scheint eine Gesellschaft zu sein, die auf Autonomie und Selbstverwirklichung beruht und in der jedes Individuum als sein alleiniger Bestimmer aktiv werden muss. Welchen institutionellen Abhängigkeiten das Inviduum jedoch unterworfen ist und wie sich dies auf die Lebensführung des Einzelnen auswirkt, wurde bereits in Kapitel 3.2.2 autgezeigt. Früher gab es klaie Strukturen und Rollenverteilungen, beispielsweise innerhalb der Familie. Dadurch wusste jeder Einzelne, welche Aufgaben im gesellschaftlichen Kollektiv oder beispielsweise innerhalb der Familie getätigt werden mussten. Die Identitätsfindung von heute ist dementsprechend schwieriger, weil jedes Individuum für sich selbst erst entscheiden muss, welche soziale Rolle er oder sie einnehmen wird. Früher war bei der Erziehung der Kinder die Mutter die verantwortliche Person, heute wechseln sich Mutter und Vater ab oder geben die Kindererziehung größtenteils direkt an die Kindertagesstätte weiter. Deshalb ist eine direkte Bezugsperson eher selten vorhanden. Ehrenberg beschreibt die Depressionskrankheit als ein Versuch der Selbstfindung und der Eingenverantwortung. In seiner

---

34   Unger 2006, S. 44.
35   Ehrenberg 2008, S. 253.

Studie führt Ehrenberg auf, dass die Menschen seit den 70er Jahren die Emanzipation des Bürgers von der autoritären Gesellschaft anstrebten. Dieser gesellschaftliche Wandel bedeutet für ihn der Beginn der Depressionskrankheit. Sie wurde als ein Preis gesehen, die die Menschen für die Modernisierung und Emanzipation zahlen, da sie Probleme hatten, mit den eröffneten Möglichkeiten umzugehen. Ehrenberg schreibt über den Beginn der Depressionsverbreitung: „Die Karriere der Depression beginnt in dem Augenblick, in dem das disziplinarische Modell der Verhaltenssteuerung, das autoritär und verbietend den sozialen Klassen und den beiden Geschlechtern ihre Rolle zuwies, zugunsten einer Norm aufgegeben wird, die jeden zur persönlichen Initiative auffodert: ihn dazu verpflichtet er selbst zu werden.36Mit dieser These zeigt Ehrenberg, dass sich das Individuum dann angefangen hat zu erschöpfen, als es dazu aufgefordert wurde, seine Identität selbst zu finden und sich selbst als Subjekt in eine soziale Rolle hineinzuversetzen. Durch die geforderte Eigenverantwortlichkeit im Zuge der Individualisierung der Gesellschaft kann das Individuum keine Verantwortung mehr auf Andere abwälzen. Der Wunsch zur Autonomie und Selbstverwirklichung wurde immer mehr zur Last und zur Angst, persönlich zu versagen. Bereits im Laufe der 60er Jahre brachen die autoritären Gesellschaftsstrukturen immer mehr auf, sodass die Unabhängigkeit von gesellschaftlichen Schranken immer mehr in den Vordergrund rückte. Wirtschaftswachstum, erweiterte Bildungsmöglichkeiten, bessere Wohnsituationen und allgemein bessere Lebensumstände für die Mittel- und Unterschichten brachten ein neues Selbstbewusstsein innerhalb der Individuen hervor. Jedoch kamen mit dem neuen Selbstbewusstsein auch Probleme zum Vorschein. Seit dem Zeitpunkt der scheinbar unbegrenzten Möglichkeiten entstehen durch Unzulänglichkeiten Konflikte im Inneren der bertroffenen Person, die sie daran erinnern, dass nicht alles erlaubt ist.37In unserem alltäglichen Leben sind wir an ein normatives Netz aus gesellschaftlichen Werten, Pflichten und Verboten gebunden. Sei es in unserem Arbeitsplatz oder in bedeutenden Institutionen wie die Schule - wir sind in unserer alltäglichen Realität der Autorität institutuioneller Machtmechanismen unterworfen. Disziplin, Gehorsam und Unterwerfung gehören zum Funktionieren einer intakten Gesellschaftsordnung dazu. Der aufkommende Konflikt zwischen den Regeln der Gesellschaft und den Bedürfnissen der Individuen führt zu Störungen in der Psyche. Dass diese Individuen trotz ihrer neu gewonnenen Möglichkeiten in ihrer Identität unsicher wurden, ist laut Ehrenberg ein Indiz dafür, dass die Depression eine Krankheit des Überflusses und der vielen Möglichkeiten ist. Weiterhin schreibt Ehrenberg: „Die Depression erinnert sehr konkret daran, dass sich selbst zu besitzen nicht gleichbedeutend ist mit grenzenlosen Möglichkeiten (…). Im Zeitalter der unbegrenzten Möglichkeiten symbolisiert die Depression das Unbeherrschbare."38 Somit erfahren wir, dass eine selbstbestimmte Lebensführung nicht gleichzusetzen ist mit einem Leben, in dem

---

36   Ebd., S. 14f.
37   Vgl. ebd., S. 121f.
38   Ebd., S. 277.

alles möglich ist. Es wird immer Grenzen geben, die wir nicht beherrschen und nicht beseitigen können.dadurch, dass Individuen aus traditionellen Lebenszusammenhängen freigesetzt werden, verlieren sie an Sicherheit. Der Ursprung der Emanzipation von der autoritären Gesellschaft liegt in den Verbesserungen in der sozioökonomischen Lage der Individuen, da dadurch die Emanzipation und Konstituierung des selbstbestimmten Individuums stattfinden konnte. Für Ehrenberg enstand durch diese Emanzipation bereits seit den späten 60er Jahren das Problem der Individuen, ohne jegliche Wegweiser, Rollenzuschreibungen und festgesetzten Positionen zur Selbstfindung und Selbstverwirklichung zu gelangen, während sie immer wieder auf autoritäre Institutionalisierungen trafen, die ihre angestrebte Autonomie eindämmten. Dieser innere Konflikt führt zu Depressionen und ist noch heute in vielen Industrienationen anzutreffen. Trotz der Individualisierung der Menschen gibt es weiterhin Regeln, die das Verhalten innerhalb der Gesellschaft vorgeben. Diese müssen von allen Mitgliedern der Gesellschaft akzeptiert werden, da andernfalls der Ausschluss aus der Gesellschaft droht. Demzufolge ist die gesellschaftliche Autorität weiterhin in Form von gesellschaftlichen Normen vorhanden. Diese gesellschaftlichen Normen schränken die unbegrenzten Möglichkeiten durch Verbote ein. Somit wird die Individualität vom Geiste der Gesellschaft institutionalisiert. Da diese gesellschaftlichen Schranken jedoch nicht direkt sichtbar sind, nehmen wir oft an, dass wir allein Herr unseres eigenen Handelns sind und ein selbstbestimmtes, frei ausgewähltes Leben führen. Wenn unser Vorhaben jedoch scheitert und wir an die Grenzen unserer Handlungsfreiheit stoßen, gibt uns das ein Gefühl der Unfähigkeit und Unsicherheit. Bei einer Nichterfüllung der selbstgesetzten Ziele zur Selbstverwirklichung, kann man an seiner Identitätssuche verzweifeln und an starken psychischen Belastungen leiden.39 Ehrenberg hat mit seinem Werk eine mögliche Antwort auf die Frage gefunden, warum Depressionen vor allem in den ökonomisch entwickelten Industrienationen zur Massenkrankheit geworden sind. In diesen Gesellschaften scheint es aufgrund technischer Fortschritte und verbesserten Lebensbedingungen viele Möglichkeiten zu geben, um sich weiter zu entwickeln und erfolgreich zu werden. Doch gerade in diesen Staaten entsteht sehr schnell das Gefühl des Versagens und der Handlungsunfähigkeit, wenn das Individuum mit der ihm auferlegten Eigenverantwortung und all den Möglichkeiten, die ihm zur Selbstentfaltung offen stehen, nicht zurechtkommt. Ein großer Kritikpunkt Ehrenbergs ist, dass der Bezug der Subjekte zu den aufkommenden institutionalisierten Konflikten in den Industrienationen abhandengekommen ist. Gerade dieser Konflikbezug ist für eine demokratische Kultur unabdingbar, da die Mündigkeit der Bürgerinnen und Bürger über institutionelle Grenzen hinweg Kompromisse herbeiführen können, die die Autorität der Institutionen soweit einschränken, dass individuelle Handlungsspielräume weniger belastend wirken.

---

39   Vgl. ebd., S. 277ff.

5. Fazit

Die Gesellschaft, in der wir leben, ist durch ihre Schnelllebigkeit und Flexibilität charakterisiert. Auch verbesserte Lebensumstände und eine bessere materielle Versorgung sind zentrale Merkmale. Ein weiterer wichtiger Aspekt ist die schnelle Informationsverbreitung, durch die die gesellschaftliche Teilhabe weltweit ermöglicht wird. Die Leistung, die ein Individuum vollbringt, um in der Schnelllebigkeit und Flexibilität der Gesellschaft nicht unterzugehen, nimmt eine wichtige Rolle bei der Entstehung von Depressionen ein. All dies hat zur Folge, dass das Individuum immer wieder auf der Suche nach einem festen Platz in der Gesellschaft und auf der Suche nach sich selbst ist. Bei der Identitätsentwicklung des Individuums bilden sich die Normen und Werte der Gesellschaft, die durch die Sozialisation der Individuen internalisiert wurden, im Subjekt des Individuums ab. Die Persönlichkeit des Individuums entwickelt sich in den frühen Beziehungen zu den Eltern, wobei zum einen das Selbstbild und zum anderen die von außen vermittelten Werte über das Weltbild verinnerlicht werden. Die Aufgaben, die dem Individuum in unserer heutigen Gesellschaft auferlegt werden, nämlich Selbstverwirklichung und Autonomie, sind mit einem sehr hohen Energieaufwand verbunden. Das Ende der seelischen Belastbarkeit geht in psychischen Störungen und Depressionen über. Wie soll ein Individuum bei der herrschenden Flexibilität innerhalb Gesellschaft agieren, ohne in Stress zu geraten? So überfordert zum Beispiel die Flexibilisierung des Arbeitsplatzes viele Menschen, da ständige Umstrukturierungen und die geforderte Mobilität zu Unsicherheiten und Überforderungen führen können. Grundsätzlich sollte man die Gedanken überwinden, immer auf dem neuesten Stand der Dinge sein zu müssen oder etwas „Wichtiges" zu verpassen, da diese Haltung zu einer Daueranspannung führt, die feste Orientierungen vernachlässigt und das Individuum in eine Erschöpfungsspirale drängt, welche vehemente Folgen haben kann. In diesem Spannungsfeld zwischen dem Drang nach Selbstverwirklichung und Orientierungsverlust nehmen sozioökonomische und institutionelle Einflussfaktoren eine wichtige Rolle ein. Um gesellschaftsfähig bleiben zu können ist die persönliche Initiative, die Handlungsbereitschaft und der Aktionismus der Individuen von zentraler Bedeutung. Gerade in der globalisierten Welt von heute ist der Drang nach Eigeninitiative und Eigenverantwortung sehr groß. Werden die Individuen durch Depressionen von ihrer Handlungsfähigkeit abgehalten und geraten sie immer mehr in einen Zustand der Unfähigkeit, so gelangen sie in eine Erschöpfungsspirale, aus der es schwer wird zu entkommen. Auch der depressive Grundkonflikt, der in Anlehnung an Siegmund Freud zwischen den Triebimpulsen und der Triebkontrolle stattfindet, ist ein Konflikt, dessen Basis in der Gesellschaft und Sozialisation der Individuen gegeben ist. Die Überforderungen des Individuums werden so lange ins Unterbewusstsein verlagert, bis es nach gewisser Zeit zum Ausbruch kommt. Dieser Ausbruch kommt jedoch erst dann zustande, wenn das Individuum nicht mehr dazu in der Lage ist, die negativen Erfahrungen zu verdrängen. Menschen, die sich nicht mehr dazu in der Lage fühlen, an der Schnelllebigkeit der Gesellschaft teilzunehmen, sind unzufrieden mit sich selbst und empfinden ein tiefes Gefühl der Niedergeschlagenheit und Erschöpfung. Durch ihre depressive Erkrankung schrumpft ihre Abhängigkeit zur Gesellschaft, da die Handlungsbereitschaft der erkrankten Person soweit eingeschränkt wird, dass keine gesellschaftliche Teilhabe mehr stattfinden kann. Deshalb fühlen sich die Betroffenen von der Gesellschaft alleine gelassen und geraten in einen Zustand der Isolation und Abschottung von ihrer Außenwelt. Depressive grenzen sich von der Gesellschaft ab, fühlen sich leer, kraftlos und erschöpft. Es fehlt ihnen an innerer Energie, an dem schnellen und flexiblen Leben der Gesellschaft teilzunehmen. Autonomie und ein starkes Selbst gehören in unserer heutigen Gesellschaft zu den grundlegenden Identitätsmerkmalen eines Individuums. Dabei ist es schwer, sich selbst gerecht zu werden. Es scheint, als habe jeder sein Leben sorgfältig durchgeplant und als sei die Zukunft dafür da, um die selbstgesetzten Ziele schnellstmöglich verwirklichen zu können. Der Drang nach Erfolg und Leistung lässt viele Menschen an ihre Grenzen stoßen. Sich selbst zu besitzen und Herr über seine eigene Lebenslaufbahn zu sein ist jedoch keine Garantie dafür, dass es unbegrenzte Möglichkeiten zur Selbstverwirklichung und Selbstentfaltung gibt. Durch die Individualisierung unserer Gesellschaft, das Aufbrechen von gesellschaftlichen Schranken und festgefahrenen Rollenmustern, erhalten die Individuen Freiheiten in ihren Handlungsentscheidungen, mit denen sie in diesem Maße nicht zurechtkommen. Sie werden durch die Fülle an Möglichkeiten in ihren Handlungsfähigkeiten verunsichert und leben in der Angst, bessere Alternativen verpasst zu haben. Die auferlegte Eigenverantwortlichkeit lässt das Individuum an seinen Entscheidungen zweifeln. Auch der psychosoziale Erklärungsansatz für Depressionen zeigt, dass äußere soziale Bedingungen wie Stress oder der Anstieg der Arbeitsbelastung dazu führen, dass die Anzahl an Depressionen leidender Menschen zunimmt. Jedoch ist die Gesellschaft nicht der alleinige Faktor für das Entstehen von Depressionen. Besondere Faktoren der Sozialisation sowie entscheidende tragische Erlebnisse des Individuums können ebenfalls für das Entstehen von Depressionen verantwortlich sein. Die Sozialisation impliziert die Eingliederung des Individuums in die Gesellschaft, wobei das Individuum zu einem Teil der Gesellschaft wird. Dieser Prozess der Sozialisation beginnt in der infantilen Phase des Individuums und geht dann über in einen lebenslangen Prozess. Hierbe kann es bereits im Kindesalter zu Störungen in der Persönlichkeitsentwicklung kommen, die dann bis ins Erwachsenenalter psychische Störungen hervorrufen können. Deshalb kann es bereits durch infantile Krisen in der ersten Phase der Sozialisation des Individuums zu Depressionen kommen, die erst in der späteren Lebensphase der betroffenen Person hervortreten. Die Wechselbeziehung zwischen Individuum und Gesellschaft ist dabei ausschlaggebend, da sich das Individuum nur durch die Gesellschaft entwickeln kann und die Gesellschaft im Gegenzug dazu Individuen braucht, um weiterhin bestehen zu können. Es ist an dieser Stelle festzuhalten, dass es keine monokausalen Erklärungsansätze für die Depressionskrankheit geben kann. Es spielen viele verschiedene Faktoren auf endogener und exogener Ebene eine wichtige Rolle, die nicht klar voneinander abzugrenzen sind. Die Gesellschaft ist somit nicht als einziger Auslöser der Depressionskrankheit zu verstehen, da genetische, soziale, biologische und psychologische Faktoren ebenfalls eine wichtige Rolle spielen. Depression und Gesellschaft sind allein aufgrund der hohen Anzahl der an Depression leidenden Personen keinesfalls voneinander abgrenzbar. Das Individuum und die Gesellschaft bedingen sich gegenseitig, das eine kann ohne das andere nicht bestehen. Deshalb stehen sie in Wechselwirkung zueinander und beeinflussen sich gegenseitig. Ehrenberg hat mit seiner Theorie einen interessanten Ansatz der menschlichen Natur aufgedeckt: den anthropologisch konstituierten Zweifel des Menschen an seiner Fähigkeit frei zu handeln und zu entscheiden, wobei jener Zweifel zu einer Unsicherheit führt, die mit wachsender Orientierungslosigkeit wächst. Der Glaube an eine autonome Lebensführung wird im Grunde durch gesellschaftliche Regelungen und Normen zurückgedrängt. Ob unser Selbst tatsächlich selbstbestimmt konstituiert ist oder ob wir von äußeren Faktoren gelenkt werden, kommt im Antagonismus von Autonomie und Anpassung zum Vorschein. Fest steht, dass der Bewegungsspielraum des Individuums durch äußere und innere Grenzen reguliert wird, wobei die inneren Grenzen das Individuum selbst („Ich") und die äußeren Grenzen durch die Gesellschaft („Andere") festgelegt werden. Der Antagonismus von Autonomie und Anpassung führt dazu, dass das Selbst und das Fremde ständig im Konflikt zueinander stehen, was bei einer schweren Belastung des Individuums Depressionen hervorrufen kann. Hierbei verkörpert das Selbst den freien Willen des Individuums und den Wunsch nach Autonomie, während das Fremde die Pflicht und Norm zur Anpassung an die Gesellschaft beinhaltet. Durch das „Fremde" werden uns über Gesetze, Ge- und Verbote sowie gesellschaftliche Normen Grenzen gesetzt, die unser „Selbst" in seiner freien Entfaltung zur Autonomie zurückdrängen. Deshalb kommt es zum ständigen Antagonismus zwischen Autonomie und Anpassung. Die normativen Erwartungen an das Vermögen des Menschen zu Selbstbestimmtheit und Autonomie wird zum Auslöser von Depressionen, wenn das scheinbar freie, emanzipierte Individuum an die äußeren Grenzen seiner Freiheit stößt. Die Autonomie des Menschen ist demzufolge nur eine bedingte Freiheit, da es weiterhin Barrieren geben wird, die diese Freiheit einschränken. Ein offener Umgang mit der Depressionskrankheit kann den Betroffenen helfen, bewusst mit ihrer Situation umzugehen. Außerdem könnte sich die Gesellschaft aufgrund des offenen Umgangs positiv weiterentwickeln.

6. Literaturverzeichnis

Beck, Ulrich (2003): Risikogesellschaft: auf dem Weg in eine andere Moderne. Frankfurt am Main: Suhrkamp Verlag.

Behrens, Johan (1984): „Selbstverwirklichung" - oder: Vom Verblassen aller Alternativen zur Berufsarbeit. Umfragen und Fallstudien zur Krise der Arbeit in Familie und Erwerbsarbeit. In: Hoffmann-Novotny, H.J./ Gehrmann, F. (Hg.): Ansprüche an die Arbeit. Umfragedaten und Interpretationen. Frankfurt am Main: Campus Verlag.

Berger, Peter; Luckmann, Thomas (1969): Die gesellschaftliche Konstruktion der Wirklichkeit. Eine Theorie der Wissenssoziologie. Frankfurt am Main: Fischer Verlag.

Bundesministerium für Bildung und Forschung (2001): „Es ist, als ob die Seele unwohl wäre" Depression – Wege aus der Schwermut. Forscher bringen Licht in die Lebensfinsternis. Bonn / Berlin.

Ehrenberg, Alain (2008): Das erschöpfte Selbst: Depression und Gesellschaft in der Gegenwart. Frankfurt am Main: Suhrkamp Verlag.

Endruweit, Günter / Trommsdorf, Gisela (2002): Wörterbuch der Soziologie. Stuttgart: Lucius und Lucius Verlag.

Freud, Sigmund (1917): Trauer und Melancholie. In: ders. (2007): Das Ich und das Es – Metapsychologische Schriften. Frankfurt am Main: Fischer Taschenbuch Verlag.

Fromm, Erich (1993): Die Gesellschaft als Gegenstand der Psychoanalyse. Frühe Schriften zur Analytischen Sozialpsychologie. Frankfurt am Main: Suhrkamp Verlag.

Habermas, Jürgen (1973): Kultur und Kritik. Frankfurt am Main: Suhrkamp Verlag.

Haubl, Rolf (2005): Sozialpsychologie der Depression. In: Leuzinger-Bohleber, Marianna (Hg.) (2005): Depression – Pluralismus in Praxis und Forschung. Göttingen: Vandenhoeck & Ruprecht Verlag.

Haubl, Rolf (2007): Be cool! Über die postmoderne Angst, persönlich zu versagen, in: Busch, H.J. (Hg.): Spuren des Subjekts. Positionen psychoanalytischer Sozialpsychologie. Göttingen: Vandenhoeck & Ruprecht Verlag.

Hell, Daniel (2008): Was stimmt? Depression. Die wichtigsten Antworten. Freiburg im Breisgau: Herder Verlag.

Honneth, Axel (2002): Kampf um Anerkennung – Zur moralischen Grammatik sozialer Konflikte. Mit einem Nachwort. Frankfurt am Main: Suhrkamp Verlag.

Honneth, Axel (2002): Organisierte Selbstverwirklichung. Paradoxien der Individualisierung, in: Honneth, Axel (Hg.): Befreiung aus der Mündigkeit. Paradoxien des gegenwärtigen Kapitalismus. Frankfurt am Main: Campus Verlag.

Hurrelmann, Klaus (2002): Einführung in die Sozialisationstheorie. Weinheim und Basel: Beltz Verlag.

Leuzinger-Bohleber, Marianna (Hg.) (2005): Depression – Pluralismus in Praxis und Forschung. Göttingen: Vandenhoeck & Ruprecht Verlag.

Nuber, Ursula (1991): Depression. Die verkannte Krankheit. Zürich: Kreuz Verlag.

Pongs, Armin (2000): In welcher Gesellschaft leben wir? Gesellschaftskonzepte im Vergleich. Band 2. München: Dilemma Verlag.

Reng, Ronald (2010): Robert Enke. Ein allzu kurzes Leben. München/Zürich: Piper Verlag.

Seligmann, Martin E. P. (1992): Erlernte Hilflosigkeit. Weinheim: Psychologie Verlags Union.

Summer, Elisabeth (2008): Macht die Gesellschaft depressiv? Bielefeld: Transcript Verlag.

Unger, Hans-Peter; Kleinschmitt, Carola (2006): Bevor der Job krank macht. Wie uns die heutige Arbeitswelt in die seelische Erschöpfung treibt und was man dagegen tun kann. München: Kösel Verlag.